Praise from Language Profession

MW00343884

What an engaging resource! I appreciate the way the author uses the action and patterns of familiar stories to focus on high frequency structures. The short sentences help language learners keep their bearings, while the concise narration holds their attention. These stories will be a tremendous confidence builder for my students!

The audio files make it easy to create rich learning experiences in different settings. I am sure many dual language programs, world language classes, and families will make these stories an integral part of their language journey.

—Jennifer Brunk, longtime educator and founder of Spanish Playground, a leading site for Spanish resources, and creator of the Spanish Playground YouTube channel

Stories are simply the best way to provide engaging language. This delightful collection of fairy tales and fables is a wonderful resource for kids to adults, to improve their listening and reading skills in Spanish or English. The comprehensible stories help learners acquire new language in context, and support bilingual kids in expanding their vocabulary. My own kids love listening to them at night before bed!

—Elisabeth Alvarado, founder of the popular blog Spanish Mama and creator of practical and engaging Spanish resources for the home and classroom at Teachers Pay Teachers

28 Bilingual English-Spanish Fairy Tales & Fables is a wonderful language learning tool for all ages by an authority in the bilingual world, Adam Beck! Easy to read, fun to listen to, the book offers the readers plenty of opportunities to learn words, sentence structures, sounds and rhythms without missing a beat. A resource for generations to come. Bravo, Mr. Beck!

—Maritere Bellas, award-winning author, parenting topic expert, and advocate of raising bilingual and multicultural children

A must-have for families raising bilingual kids in English and Spanish, it gives parents the opportunity to provide exposure in each language and help their children improve their language skills. Using the same resource, parents can share the special moment of reading to their children those traditional stories that have become classics for so many cultures around the world.

—Ana Calabrese, bilingualism advocate, founder of the musical approach Spanish Plus Me, and creator of the album "Short + Fun Spanish Beats"

28 Bilingual English-Spanish Fairy Tales & Fables

Short, Simple Stories for Language Learners of All Ages, with Online Audio

Bilingual Adventures
Hiroshima, Japan

28 Bilingual English-Spanish Fairy Tales & Fables
Copyright © 2020 by Adam Beck

All rights reserved. Pages from this publication may be photocopied, and the accompanying audio files downloaded, for personal use only. With the exception of personal use, no part of this publication, or these audio files, may be reproduced in whole or in part, or stored in a retrieval system, or transmitted in any form or by any means—electronic, mechanical, photocopying, recording, or otherwise—without written permission from the publisher.

Published by Bilingual Adventures
For inquiries, contact Adam Beck: adam@bilingualmonkeys.com

Website: http://bilingualmonkeys.com
Forum: http://bilingualzoo.com
Facebook: https://www.facebook.com/bilingualmonkeys

First Edition, 2020

ISBN 978-4-908629-06-8

Contents

Make the most of this language learning resource

The free MP3 audio files, with professional narration of all stories in both languages, are available for listening or downloading at this link:

https://bit.ly/28-audio

(If you have any trouble accessing them, just email adam@bilingualmonkeys.com for support.)

Who can benefit from using this resource?

28 Bilingual English-Spanish Fairy Tales & Fables is a useful and flexible language learning resource. It consists of familiar stories, crafted in short, simple texts on dual-facing English and Spanish pages, that can benefit a wide range of ages and learning situations.

- Children, monolingual or bilingual, who are developing their language and literacy ability in English and/or Spanish, whether at home or at school.

- Teens and adults who are language learners of English or Spanish, whether studying on their own or in a classroom.

With these enjoyable, text-only stories, learners can focus fully on the target language to strengthen their language skills. This format also offers parents and teachers the flexibility to follow up with their own questions or exercises, if they wish, which can be targeted to the particular needs of their children or students.

28 Bilingual English-Spanish Fairy Tales & Fables is available as a paperback or e-book, both with access to online audio files.

In what ways can this resource be used effectively with children?

There are a variety of ways that parents and teachers can use these stories with children who are learning English and/or Spanish.

- Parents or teachers can read aloud the stories to children, or play the professional narration from the audio files, to provide language input in English and/or Spanish.

- The audio files can also be used to model and practice natural pronunciation.

- Parents or teachers can have children with emerging reading skills read the stories on their own in English and/or Spanish. This can be done directly in the book or, with the paperback version, the single-page stories can be easily copied for "captive reading," a strategy in which print materials are posted prominently in a "captive location" (such as on a bathroom wall at home) where children will often see them and be drawn to decoding them independently.

- When listening or reading with the text-only format, children can be encouraged to visualize the story in their own mind's eye. They can also be asked to draw a scene from the story and talk about their picture.

- Parents or teachers can have more proficient bilingual children translate a story, or part of a story, from one language into the other to stretch their writing ability and knowledge of both languages. (To prevent the target text in the paperback from being seen, the story page can be copied or the facing translation of the story can be simply covered with a sheet of paper.)

- Children can also try to retell (or summarize), in their own words, the stories orally or in writing.

In what ways can teens and adults make use of this resource effectively?

Teens and adults who are language learners of English or Spanish can also use these stories in various ways, whether for self-study or in a classroom setting with a teacher.

- The stories can be used as listening material. Play the audio files independently or with a group. Teachers or other speakers of the target language can read the stories aloud for learners.

- The audio files can also be used to model and practice natural pronunciation.

- Language learners can advance their ability in English or Spanish by reading and studying the text in their target language, with or without the audio narration. If they are proficient in the other language (such as native English speakers who are learning Spanish), they can also make use of the translated text to aid their comprehension and acquisition.

- As with children, the strategy of "captive reading"—where stories in the target language are copied and posted in a prominent location—can strengthen language input and development.

- Language learners can advance their writing ability and overall proficiency by attempting translations from one language to the other.

- They can also try to retell (or summarize), in their own words, the stories orally or in writing.

We hope you find this book to be a helpful language learning resource for yourself, your children, or your students!

Aproveche al máximo este recurso
de aprendizaje de idiomas

Los archivos de audio MP3 gratis, con narración profesional de todas las historias en ambos idiomas, están disponibles para escuchar o descargar en este enlace de Internet:

https://bit.ly/28-audio

(Si tiene algún problema accediendo el audio, contacte a adam@bilingualmonkeys.com para apoyo técnico.)

¿Quién puede beneficiarse del uso de este recurso?

28 cuentos de hadas y fábulas bilingües en inglés y español es un recurso de aprendizaje de idiomas útil y versátil. Consiste de historias familiares, elaboradas en textos cortos y sencillos en páginas adyacentes en inglés y español, que pueden beneficiar a una amplia gama de edades y situaciones de aprendizaje.

- Niños, monolingües o bilingües desarrollando su idioma y capacidad de alfabetización en inglés y/o español, ya sea en casa como en la escuela.

- Adolescentes y adultos aprendiendo inglés o español, ya sea estudiando por su cuenta o en un aula.

Con estas historias agradables en pleno texto, los alumnos pueden concentrarse totalmente en el idioma objetivo para fortalecer sus habilidades en el lenguaje. Este formato también ofrece a los padres y profesores la flexibilidad de continuar con sus propias preguntas o ejercicios, si lo desean, dirigidos a las necesidades particulares de sus hijos o estudiantes.

28 cuentos de hadas y fábulas bilingües en inglés y español está disponible como libro de tapa blanda o libro electrónico, ambos con acceso a archivos digitales de audio en la red.

¿De qué manera se puede utilizar este recurso eficazmente con niños?

Hay varias maneras en que padres y maestros pueden usar estas historias con niños aprendiendo inglés y/o español.

- Padres o maestros pueden leer las historias a los niños en voz alta, o utilizar la narración profesional de los archivos de audio, para proveer exposición a idioma inglés y/o español.

- Los archivos de audio también se pueden utilizar para modelar y practicar la pronunciación natural.

- Padres o maestros pueden hacer que los niños con habilidades emergentes de lectura lean las historias por su cuenta en inglés y/o español. Esto se puede hacer directamente con el libro o, con la versión de tapa blanda, los cuentos de una página se pueden copiar fácilmente para "lectura cautiva", una estrategia en que materiales impresos se exhiben prominentemente en un "lugar cautivo" (como una pared del baño en la casa) donde niños a menudo los vean y traten de traducirlos en forma independiente.

- Mientras los niños leen o escuchan el pleno texto, se los puede animar a visualizar la historia en su mente. También se les puede sugerir que dibujen una escena de la historia y hablen sobre la imagen.

- Padres o maestros pueden hacer que niños bilingües más competentes traduzcan una historia, o parte de una historia, de un idioma a otro para aumentar su capacidad de escritura y conocimiento en ambos idiomas. (Para evitar que se pueda ver el texto de destino en el libro de tapa blanda, la página de la historia se puede copiar o la traducción de la historia se puede cubrir simplemente con una hoja de papel.)

- Niños también pueden tratar de volver a relatar (o resumir), con sus propias palabras, los cuentos, oralmente o por escrito.

¿Cómo pueden adolescentes y adultos usar este recurso efectivamente?

Adolescentes y adultos aprendiendo el idioma inglés o español también pueden usar estas historias de varias maneras, ya sea para estudio independiente o en un ambiente de clase con maestro.

- Las historias se pueden utilizar como material oral. El audio se puede escuchar de forma independiente o en grupo. Maestros u otros hablantes del idioma objetivo pueden leer las historias en voz alta a los alumnos.

- Los archivos de audio también se pueden utilizar para modelar y practicar pronunciación natural.

- Estudiantes de idiomas pueden avanzar en su capacidad en inglés o español leyendo y estudiando el texto en su idioma de destino, con o sin la narración de audio. Si son competentes en el otro idioma (como hablantes nativos de inglés aprendiendo español), también pueden hacer uso del texto traducido para mejorar su comprensión y adquisición.

- Al igual que con niños, la estrategia de "lectura cautiva", donde las historias en el idioma de destino se copian y exhiben en un lugar prominente, puede fortalecer la introducción y el desarrollo del lenguaje.

- Estudiantes de idiomas pueden avanzar su capacidad de escritura y dominio general al intentar traducciones de un idioma a otro.

- También pueden tratar de volver a contar (o resumir), en sus propias palabras, las historias oralmente o por escrito.

¡Esperamos que este libro sea un recurso útil para aprendizaje de idiomas, para usted, sus hijos o sus estudiantes!

1. The Three Little Pigs

Once upon a time, there were three little pigs. The three little pigs built three little houses. The first little pig built a house of straw. The second little pig built a house of sticks. And the third little pig built a house of bricks.

One day a big, bad wolf came to the little house of straw. He huffed and puffed and blew the house down. "Help!" cried the first little pig. He ran to the second little pig's house.

Then the big, bad wolf came to the little house of sticks. He huffed and puffed and blew that house down, too. "Help!" cried the first little pig. "Help!" cried the second little pig. They ran to the third little pig's house.

Now the big, bad wolf came to the little house of bricks. He huffed and puffed, and huffed and puffed, but he couldn't blow the house down. So he climbed to the roof and went down the chimney...and landed in a big pot of hot soup! "Help!" cried the wolf.

The wolf ran away and the three little pigs never saw him again. They lived happily in the little house of bricks for a long, long time.

1. Los tres cerditos

Había una vez, hace mucho tiempo, tres cerditos. Los tres cerditos construyeron tres casitas. El primer cerdito construyó una casa de paja. El segundo cerdito construyó una casa de palos de madera. Y el tercer cerdito construyó una casa de ladrillos.

Un día, un lobo feroz fue a la casita de paja. Sopló y resopló y voló la casa. "¡Ayuda!", exclamó el primer cerdito. Y corrió a la casa del segundo cerdito.

Luego el lobo feroz fue a la casita de palos de madera. Sopló y resopló y voló esa casa también. "¡Ayuda!", exclamó el primer cerdito. "¡Ayuda!", exclamó el segundo cerdito. Y corrieron a la casa del tercer cerdito.

Luego el lobo feroz fue a la casita de ladrillos. Enfurecido, sopló y resopló, pero no pudo volar la casa. Entonces, el lobo subió al techo y bajó por la chimenea... ¡y aterrizó en una olla grande de sopa caliente! "¡Ayuda!", exclamó el lobo.

El lobo huyó y los tres cerditos nunca más lo volvieron a ver. Vivieron felizmente en la casita de ladrillos por mucho, mucho tiempo.

2. The Lion and the Mouse

A lion was sleeping in the grass. A little mouse ran across his paw and woke him up. The lion grabbed the mouse by the tail.

"I found a little snack!" the lion said. He held the mouse over his mouth.

"No, please!" said the mouse. "I'm sorry I woke you up! If you don't eat me, I will help you someday! I promise!"

The lion laughed. "How could a tiny little mouse like you help a big, strong lion like me?" But he let the mouse go.

Not long after, the lion was walking through the forest. He didn't see a trap, made by some hunters—and got caught in a net! He roared and roared, trying to free himself. But the big, strong lion couldn't get out.

From far away, the mouse heard the lion roar. He ran to the lion's side.

"I told you I would help you someday," said the mouse. Then the tiny little mouse began to nibble on the ropes of the net. He nibbled and nibbled until there was a big hole. The lion jumped out. He was free!

"Thank you, mouse," said the lion.

"You're welcome, lion," said the mouse.

And after that, the big, strong lion and the tiny, little mouse became good friends.

2. El león y el ratón

Un león dormía sobre la hierba. Un ratoncito corría de arriba abajo por su pata y lo despertó. El león agarró al ratón por la cola.

"¡Encontré algo para comer!" dijo el león mientras sostenía al ratón sobre su boca.

"¡No, por favor!", dijo el ratón. "¡Siento haberte despertado! ¡Si no me comes, te ayudaré algún día! ¡Lo prometo!"

El león se echó a reír. "¿Cómo podría un pequeño ratón como tú ayudar a un león grande y fuerte como yo?" Pero dejó ir al ratón.

Poco después, el león caminaba por el bosque. No vio una trampa, hecha por unos cazadores, ¡y quedó atrapado en una red! Rugió y rugió, tratando de liberarse. Pero el león grande y fuerte no podía zafarse.

Desde muy lejos, el ratón oyó los rugidos del león. Corrió hasta llegar a su lado.

"Te dije que algún día te ayudaría", dijo el ratón. Entonces el pequeño ratón comenzó a roer las cuerdas de la red. Mordió y mordisqueó hasta formar un gran agujero. El león saltó. ¡Estaba libre!

"Gracias, ratón", dijo el león.

"De nada, león", dijo el ratón.

Y desde ese entonces, el león grande y fuerte y el pequeño ratoncito fueron buenos amigos.

3. The Tortoise and the Hare

Once upon a time, there was a tortoise and a hare. The hare was very fast and the tortoise was very slow.

One day the hare saw the tortoise walking in the woods. "Slowpoke!" the hare shouted. The tortoise stopped. He was angry. "I'll show you!" he said. "Let's race!" The hare laughed. "You want to race? Okay, I'll race you!"

The next day was the race. All the animals were there. The hare and the tortoise stood at the starting line. "On your mark...get set...go!" said the bear.

The hare ran very fast. The tortoise walked very slow. The hare was far in front. He couldn't even see the tortoise. Then the hare stopped to rest. He sat under a tree and took a nap.

The tortoise walked on and on. He finally passed the hare, sleeping under the tree. When the hare woke up, the tortoise was almost at the finish line. The hare ran as fast as he could, but he couldn't catch the tortoise. The tortoise crossed the finish line first.

"The tortoise won the race! The tortoise won the race!" the animals cheered.

The hare never called the tortoise "Slowpoke" again.

3. La tortuga y la liebre

Una vez, hace mucho tiempo, había una tortuga y una liebre. La liebre era muy rápida y la tortuga era muy lenta.

Un día, la liebre vio a la tortuga caminando por el bosque. "¡Perezosa!", gritó la liebre. La tortuga se detuvo. Estaba enojada. "¡Te vas a enterar!", dijo. "¡Vamos a correr!" La liebre se echó a reír. "¿Quieres correr? ¡De acuerdo, corramos!"

Al día siguiente hicieron una carrera. Todos los animales estaban allí. La liebre y la tortuga estaban en la línea de salida. "En sus marcas... listos... ¡fuera!", dijo el oso.

La liebre corrió muy rápido. La tortuga caminó muy despacio. La liebre estaba muy adelantada. Ni siquiera podía ver a la tortuga. Entonces se detuvo a descansar. Se sentó bajo un árbol y se durmió una siesta.

La tortuga continuó caminando y caminando. Finalmente pasó a la liebre, dormida bajo el árbol. Cuando la liebre se despertó, la tortuga ya estaba casi por cruzar la meta. La liebre corrió tan rápido como pudo, pero no pudo pasar a la tortuga. La tortuga cruzó la línea primero.

"¡La tortuga ganó la carrera! ¡La tortuga ganó la carrera!", gritaban los animales.

La liebre nunca más volvió a llamar a la tortuga "Perezosa".

4. The Gingerbread Man

Once upon a time, an old woman made a gingerbread man. When she took the cookie out of the oven, he jumped off the cookie sheet. He dashed out the door on his little legs.

"Run, run, as fast as you can! You can't catch me! I'm the gingerbread man!" sang the cookie.

The old woman ran as fast as she could, but she couldn't catch the gingerbread man.

The gingerbread man was faster than a dog, too, and a cow, and a pig, and a horse. They all wanted to eat the cookie, but his little legs were too fast for them.

"Run, run, as fast as you can! You can't catch me! I'm the gingerbread man!" he sang.

Finally, the gingerbread man came to a river. How could he get across? How could he get away from the old woman, the dog, the cow, the pig, and the horse?

"I'll help you cross the river," said a fox. "Don't worry, I don't like gingerbread."

So the cookie jumped on the fox's shoulder. When the fox was in the river, he turned his head and...*snap!* With one bite, he ate up the little gingerbread man.

4. El hombre de pan de jengibre

Una vez, hace mucho tiempo, una anciana hizo un hombre de pan de jengibre. Cuando ella sacó la galleta del horno, saltó de la bandeja. Escapó corriendo por la puerta con sus pequeñas piernas.

"¡Corre, corre tan rápido como puedas! ¡No me puedes atrapar! ¡Soy el hombre de pan de jengibre!", cantaba la galleta.

La anciana corrió tan rápido como pudo, pero no pudo atrapar al hombre de pan de jengibre.

El hombre de pan de jengibre era más rápido que un perro, y también que una vaca, un cerdo y un caballo. Todos querían comer la galleta, pero sus pequeñas piernas eran demasiado rápidas para ellos.

"¡Corran, corran tan rápido como puedan! ¡No me pueden atrapar! ¡Soy el hombre de pan de jengibre!", cantaba.

Finalmente, el hombre de pan de jengibre llegó a un río. ¿Cómo podría cruzar? ¿Cómo podría alejarse de la anciana, el perro, la vaca, el cerdo y el caballo?

"Te ayudaré a cruzar el río", le dijo un zorro. "No te preocupes, no me gusta el pan de jengibre."

Entonces la galleta saltó sobre el hombro del zorro. Cuando el zorro estaba en el río, volvió su cabeza y... ¡chas! De un bocado, se comió al hombrecito de pan de jengibre.

5. Stone Soup

Long ago, there was a little town. The town was nice, but the people were not—they did not like to share.

One day a visitor came to town. He was very hungry, but he had no food. "Hello!" he said. "Could I please have some food?"

"NO!" the people told him.

The man went away, but he came back with a big pot. He filled the pot with water and dropped in a stone. "What are you doing?" the people asked.

"I'm making stone soup," the man said. "Would you like to try it? It's very good, but it's even better with cabbage!"

Someone put cabbage into the pot.

The man tried it. "Yum!" he said. "But it's even better with carrots!"

Someone put carrots into the pot.

The man tried it. "Yum!" he said. "But it's even better with corn!"

Someone put corn into the pot. Then beans. Then onions. Then potatoes, too.

Finally, the man said, "The stone soup is ready! Let's eat!"

Everyone had a big bowl of stone soup. "Yum!" they said.

Eating stone soup together, the people learned to share. And when the people started sharing, the town became a happier place.

5. Sopa de piedra

Hace mucho tiempo había un pequeño pueblo. El pueblo era agradable, pero la gente no – no les gustaba compartir.

Un día, un visitante llegó al pueblo. Tenía mucha hambre, pero no tenía comida. "¡Hola!", dijo. "¿Podrían por favor darme algo de comer?"

"¡NO!", le dijo la gente.

El hombre se fue, pero volvió con una olla grande. Llenó la olla con agua y le agregó una piedra. "¿Qué estás haciendo?", preguntó la gente.

"Estoy haciendo sopa de piedra", dijo el hombre. "¿Les gustaría probarla? Es muy buena, ¡pero sería mucho mejor con repollo!"

Alguien puso repollo en la olla.

El hombre la probó. "¡Ñam!", dijo. "¡Pero sería todavía mejor con zanahorias!"

Alguien puso zanahorias en la olla.

El hombre la probó. "¡Ñam!", dijo. "¡Pero sería aún mejor con maíz!"

Alguien puso maíz en la olla. Luego frijoles. Luego cebollas. Luego papas, también.

Finalmente, el hombre dijo: "¡La sopa de piedra está lista! ¡Comamos!"

Todos tomaron un gran tazón de sopa de piedra. "¡Ñam!", decían.

Al comer sopa de piedra juntos, la gente aprendió a compartir. Y cuando comenzaron a compartir, el pueblo se convirtió en un lugar más feliz.

6. The Three Billy Goats Gruff

Three billy goats, the Gruff brothers, lived by a bridge. On the other side of the bridge was a field of sweet, green grass. The billy goats wanted to cross the bridge, but a mean troll lived under it.

First, the little billy goat came to the bridge. Clip clop! Clip clop! But the troll climbed up and said, "Stop, little billy goat! I want to eat you!" The little billy goat cried, "No! Don't eat me! Wait for the middle billy goat! He's much bigger!" The troll grunted. "Well, be off with you!" he said.

Then the little billy goat crossed the bridge and began to eat the sweet, green grass.

Next, the middle billy goat came to the bridge. *Clip clop! Clip clop!* But the troll climbed up and said, "Stop, middle billy goat! I want to eat you!" The middle billy goat cried, "No! Don't eat me! Wait for the big billy goat! He's much bigger!" The troll grunted again. "Well, be off with you!" he said.

Then the middle billy goat crossed the bridge and began to eat the sweet, green grass.

Finally, the big billy goat came to the bridge. CLIP CLOP! CLIP CLOP! But the troll climbed up and said, "Stop, big billy goat! I want to eat you!" Well, the big billy goat had very big horns. He put his head down and ran at the troll. He butted him off the bridge and into the river.

Then the big billy goat crossed the bridge and began to eat the sweet, green grass with his brothers.

6. Los tres chivos Gruff

Tres chivos, los hermanos Gruff, vivían junto a un puente. Al otro lado del puente había un campo de hierba dulce y verde. Los chivos querían cruzar el puente, pero un gnomo malo vivía debajo.

Primero, el chivo menor caminó hacia el puente. ¡Clip clop! ¡Clip clop! Pero el gnomo subió y dijo: "¡Detente, pequeño chivo! ¡Quiero comerte!" El chivo gritó: "¡No! ¡No me comas! ¡Espera al chivo mediano! ¡Es mucho más grande!" El gnomo gruñó. "¡Bueno, vete de aquí!", dijo.

Entonces, el cabrito menor cruzó el puente y comenzó a comer la hierba dulce y verde.

Luego, el chivo mediano caminó hacia el puente. *¡Clip clop! ¡Clip clop!* Pero el gnomo subió y dijo: "¡Detente, chivo mediano! ¡Quiero comerte!" El chivo mediano gritó: "¡No! ¡No me comas! ¡Espera al chivo mayor! ¡Es mucho más grande!" El gnomo gruñó de nuevo. "¡Bueno, vete de aquí!", dijo.

Entonces, el chivo mediano cruzó el puente y comenzó a comer la hierba dulce y verde.

Finalmente, el chivo mayor caminó hacia el puente. ¡CLIP CLOP! ¡CLIP CLOP! Pero el gnomo subió y dijo: "¡Detente, chivo grande! ¡Quiero comerte!" Pero el chivo mayor tenía cuernos muy grandes. Inclinó su cabeza y corrió hacia el gnomo. Y lo empujó sobre el puente hacia el río.

Entonces, el chivo mayor cruzó el puente y comenzó a comer la hierba dulce y verde con sus hermanos.

7. Cinderella

Once upon a time, there was a girl named Cinderella. She lived with her two mean, lazy stepsisters who made Cinderella do all the work at home.

One day they heard that the prince was holding a ball at the castle. The stepsisters made Cinderella help them get ready for the ball. Cinderella wanted to go to the ball, too, but she was dressed in rags. The stepsisters laughed at her and left.

"I wish I could go to the ball!" Cinderella cried. Poof! The fairy godmother was by her side. She waved her wand and Cinderella was now wearing a fancy gown and glass slippers. She waved her wand again and a pumpkin became a coach, mice became horses.

"Have fun at the ball, but be back by midnight," said the fairy godmother.

Cinderella was the star of the ball. The prince danced with her all night. But when the clock struck midnight, Cinderella had to dash away. She lost one of her glass slippers on the castle steps.

The prince found the glass slipper and set out to find Cinderella. He went from house to house, and saw many girls, but the slipper did not fit their feet.

Finally, the prince came to Cinderella's house. First, her stepsisters tried to put on the slipper, but it wouldn't fit. Then the prince asked Cinderella to try on the slipper. When it fit her foot, the prince asked Cinderella to marry him. She and the prince lived happily ever after.

7. Cenicienta

Érase una vez, hace mucho tiempo, una chica llamada Cenicienta. Vivía con dos hermanastras perezosas y crueles que obligaban a Cenicienta a hacer todo el trabajo de la casa.

Un día se enteraron de que el príncipe estaba planeando un baile de gala en el castillo. Las hermanastras hicieron que Cenicienta las ayudara a prepararse para la gala. Cenicienta también quería ir al baile, pero estaba vestida con harapos. Las hermanastras se rieron de ella y se fueron.

"¡Me gustaría poder ir al baile!" lloró Cenicienta. ¡Puf! El hada madrina apareció a su lado. Ella agitó su varita y Cenicienta ahora tenía un vestido de lujo y zapatos de cristal. Agitó su varita de nuevo y una calabaza se convirtió en un carruaje y unos ratones se convirtieron en caballos.

"Diviértete en el baile, pero vuelve a medianoche", dijo el hada madrina.

Cenicienta fue la estrella del baile. El príncipe bailó con ella toda la noche. Pero cuando el reloj marcó la medianoche, Cenicienta tuvo que escapar. Perdió uno de sus zapatitos de cristal en las escaleras del castillo.

El príncipe encontró el zapatito y se propuso encontrar a Cenicienta. Fue de casa en casa y vio a muchas chicas, pero el zapatito no les quedaba bien en el pie.

Finalmente, el príncipe llegó a la casa de Cenicienta. Primero, sus hermanastras trataron de ponerse el zapatito, pero no les quedaba bien. Entonces el príncipe le pidió a Cenicienta que se lo probara. Cuando le quedó perfecto, el príncipe le pidió a Cenicienta que se casara con él. Ella y el príncipe vivieron felices por el resto de sus vidas.

8. The Ugly Duckling

There were once five eggs in a nest. When the eggs cracked open, out came five ducklings. Four of them were small and cute, but one was big and ugly. The cute ducklings were mean to the ugly duckling. "Go away!" they said.

The ugly duckling swam away. He saw some other ducks, but those ducks were mean to him, too. "Go away!" they said.

The ugly duckling swam and swam. He finally came to some geese. But the geese were even meaner than the ducks. They pecked him and told him, "Go away!"

Now the ugly duckling was sad and alone. He swam away and lived by himself for a long, long time.

One day the ugly duckling saw a flock of swans. "How beautiful they are!" he said.

One of the swans came over to the ugly duckling. "Hello," the swan said. "Who are you?"

"I'm just an ugly duckling," said the ugly duckling. "I'll go away. Please don't peck me."

"An ugly duckling?" said the swan. "Look at yourself in the water!"

When the ugly duckling looked down, he was very surprised. "Wow! I'm a swan, too!" he said. "I'm a beautiful swan!"

And the ugly duckling, now a beautiful swan, lived happily with his new friends.

8. El patito feo

Había una vez cinco huevos en un nido. Cuando los huevos se abrieron, salieron cinco patitos. Cuatro de ellos eran pequeños y lindos, pero uno era grande y feo. Los patitos lindos eran malos con el patito feo. "¡Vete!", le decían.

El patito feo se fue nadando lejos. Vio algunos otros patos, pero esos patos también fueron malos con él. "¡Vete!", le decían.

El patito feo nadó y nadó. Finalmente llegó hasta unos gansos. Pero los gansos fueron aún más crueles que los patos. Lo picotearon y le dijeron: "¡Vete!"

Ahora el patito feo estaba triste y solo. Nadó y vivió solo durante mucho, mucho tiempo.

Un día, el patito feo vio una bandada de cisnes. "¡Qué hermosos son!", se dijo.

Uno de los cisnes se acercó al patito feo. "Hola", dijo el cisne. "¿Quién eres?"

"Sólo soy un patito feo", dijo el patito feo. "Me iré. Por favor, no me picotees."

"¿Un patito feo?", dijo el cisne. "¡Mírate en el agua!"

Cuando el patito feo miró hacia abajo, se sorprendió mucho. "¡Soy un cisne también! ¡Un cisne hermoso!", dijo.

Y el patito feo, ahora un cisne hermoso, vivió felizmente con sus nuevos amigos.

9. The Little Pot

A good little girl lived alone with her mother. They were very poor and had nothing to eat.

Looking for food, the little girl went into the forest. There she met an old woman who gave her a cooking pot. "When you want the pot to cook sweet porridge, just say *Cook, little pot, cook*," the old woman told her. "And when you want the pot to stop, just say *Stop, little pot, stop*."

"Thank you," said the girl and she took the pot home. Now the girl and her mother were never hungry. They ate sweet porridge every day.

But one day the little girl was out. Her mother wanted some porridge and said, "Cook, little pot, cook." The pot cooked and the mother ate until she was full. But then she wanted the pot to stop cooking. She tried and tried, but she couldn't remember what to say. So the pot went on cooking, making more and more and more porridge. The porridge filled the kitchen, it filled the house, and then it filled the street.

The little girl was walking home when she saw the river of porridge. "Oh no!" she cried. She had to swim through the porridge to get home. Finally, she reached her house and swam into the kitchen. Her mother was still trying to get the pot to stop cooking.

"Stop, little pot, stop!" the girl cried. And the pot stopped cooking.

It took a long time for the girl and her mother to eat all that porridge.

9. La pequeña olla

Una niña buena vivía sola con su madre. Eran muy pobres y no tenían nada que comer.

La niña fue al bosque en busca de comida. Allí se encontró con una anciana que le dio una olla de cocina. "Cuando quieras que la olla cocine avena dulce, solo dile "Cocina, pequeña olla, cocina", le dijo la anciana. "Y cuando quieras que la olla deje de cocinar, solo dile "Para, pequeña olla, para."

"Gracias", dijo la chica y se llevó la olla a su casa. A partir de entonces la niña y su madre nunca tuvieron hambre. Comían avena dulce todos los días.

Pero un día la niña no estaba en casa. Su madre quería avena y dijo: "Cocina, olla, cocina". La olla cocinó y la madre comió hasta que estuvo llena. Pero entonces quiso que la olla dejara de cocinar. Trató y trató, pero no podía recordar qué decir. Así que la olla siguió cocinando, haciendo más y más avena. La avena llenó la cocina, llenó la casa y luego llenó la calle.

La niña volvía a su casa cuando vio el río de avena. "¡No!", exclamó. Tuvo que nadar a través de la avena para llegar a su casa. Finalmente, llegó a su casa y nadó a la cocina. Su madre todavía estaba tratando de que la olla dejara de cocinar.

"Para, pequeña olla, ¡para!", exclamó la chica. Y la olla dejó de cocinar.

La niña y su madre tardaron mucho tiempo en comerse toda esa crema de avena.

10. Goldilocks and the Three Bears

One day a family of bears went for a walk in the woods. When they were out, a little girl named Goldilocks came to their house.

In the kitchen, Goldilocks saw three bowls of porridge. She tried the big one, but it was too hot. She tried the middle one, but it was too cold. Then she tried the little one, and it was just right. So she ate it up! Yum!

In the living room, Goldilocks saw three chairs. She tried the big one, but it was too hard. She tried the middle one, but it was too soft. Then she tried the little one, and it was just right. But the leg of the chair broke! Oh no!

In the bedroom, Goldilocks saw three beds. She tried the big one, but it was too hard. She tried the middle one, but it was too soft. Then she tried the little one, and it was just right. And Goldilocks fell fast asleep. Zzzz!

When the bears came home, they went into the kitchen. "Someone has been tasting our porridge!" said Papa Bear and Mama Bear. "And someone ate mine!" cried Baby Bear.

Then the bears went into the living room. "Someone has been sitting in our chairs!" said Papa Bear and Mama Bear. "And someone broke mine!" cried Baby Bear.

Finally, the bears went into the bedroom. "Someone has been sleeping in our beds!" said Papa Bear and Mama Bear. "And someone is still sleeping in mine!" cried Baby Bear.

Goldilocks woke up and screamed. She jumped out the window and ran away. The bears never saw her again.

10. Ricitos de Oro y los tres osos

Un día una familia de osos fue a dar un paseo por el bosque. Cuando salieron, una niña llamada Ricitos de Oro llegó a su casa.

En la cocina, Ricitos de Oro vio tres tazones de crema de avena. Probó el grande, pero estaba demasiado caliente. Probó el mediano, pero estaba demasiado frío. Luego probó el pequeño y estaba perfecto. ¡Así que se lo comió! ¡Ñam!

En la sala, Ricitos de Oro vio tres sillas. Probó la grande, pero era demasiado dura. Probó la mediana, pero era demasiado blanda. Luego probó la pequeña y era perfecta. ¡Pero la pata de la silla se rompió! ¡Ay, no!

En el dormitorio, Ricitos de Oro vio tres camas. Probó la grande, pero era muy dura. Probó la mediana, pero era demasiado blanda. Luego probó la pequeña y era perfecta. Y Ricitos de Oro se durmió rápidamente. ¡Zzzz!

Cuando los osos regresaron a su casa, entraron a la cocina. "¡Alguien ha estado probando nuestra avena!", dijeron Papá Oso y Mamá Osa. "¡Y alguien se comió la mía!" exclamó Bebé Oso.

Luego los osos entraron a la sala. "¡Alguien se ha sentado en nuestras sillas!", dijeron Papá Oso y Mamá Osa. "¡Y alguien rompió la mía!" exclamó Bebé Oso.

Finalmente, los osos entraron al dormitorio. "¡Alguien ha estado durmiendo en nuestras camas!", dijeron Papá Oso y Mamá Osa. "¡Y alguien todavía está durmiendo en la mía!" exclamó Bebé Oso.

Ricitos de Oro se despertó y gritó. Saltó por la ventana y huyó corriendo. Los osos nunca más la volvieron a ver.

11. The Boy Who Cried Wolf

There was once a shepherd boy who was watching a flock of sheep. But the boy was bored and wanted to have a little fun. So he cried out, "Wolf! Wolf! A wolf is after the sheep!"

The people of the town came running to help—but they found no wolf. The boy laughed. "I fooled you!" he said.

The people were angry. "Don't cry 'wolf' when there is no wolf!" they said. And then they left.

The boy was soon bored again. "Wolf! Wolf! A wolf is after the sheep!" he cried.

The people of the town came running to help—and again found no wolf. The boy laughed. "I fooled you!" he said.

The people were very angry now. "We told you before!" they said. "Don't cry 'wolf' when there is no wolf!" And then they left.

Not long after that, there really *was* a wolf. The wolf went after the sheep and the boy cried, "Wolf! Wolf!"

But this time the people of the town didn't come. They thought the boy was trying to fool them again.

The flock of sheep ran from the wolf. The boy looked and looked, but never found them.

After that, the boy never told another lie.

11. El pastorcito mentiroso

Había una vez un pastorcito que estaba cuidando un rebaño de ovejas. Pero el chico estaba aburrido y quería divertirse un poco. Así que gritó: "¡Lobo! ¡Lobo! ¡Un lobo está persiguiendo las ovejas!"

La gente del pueblo vino corriendo a ayudar, pero no encontraron ningún lobo. El chico se echó a reír. "¡Los engañé!", dijo.

La gente estaba enojada. "¡No grites 'lobo' cuando no hay un lobo!", dijeron. Y luego se fueron.

El chico pronto se aburrió de nuevo. "¡Lobo! ¡Lobo! ¡Un lobo está persiguiendo las ovejas!", gritó.

La gente del pueblo vino corriendo a ayudar, y de nuevo no encontraron ningún lobo. El chico se echó a reír. "¡Los engañé!", dijo.

La gente estaba muy enojada ahora. "¡Te lo dijimos antes!", dijeron. "¡No grites 'lobo' cuando no hay un lobo!" Y luego se fueron.

No mucho después de eso, realmente vino un lobo. El lobo fue tras las ovejas y el niño gritó: "¡Lobo! ¡Lobo!"

Pero esta vez la gente del pueblo no vino. Pensaron que el chico estaba tratando de engañarlos de nuevo.

El rebaño de ovejas se escapó huyendo del lobo. El pastorcito las buscó y buscó, pero no pudo volver a encontrarlas.

Después de eso, nunca más dijo otra mentira.

12. The Goose That Laid Golden Eggs

A man and his wife had a goose. This goose was not like any other goose. This goose could lay golden eggs. It laid one golden egg every day.

The man and his wife took the golden eggs to the market and sold them. They were soon rich, but they wanted to be richer. And they wanted to be richer much, much faster.

"We need more golden eggs!" said his wife.

"Yes," said the man. "But the goose only lays one golden egg each day!"

"That goose is full of golden eggs!" said his wife. "What if we got all the golden eggs at once? We would be very, very rich!"

"Yes," said the man. "I'll get my knife! We can take all the golden eggs at once!"

So the man got his knife. He killed the goose and cut it open...but there was nothing inside. The goose was like any other goose.

"Where are the golden eggs?" said his wife.

"Yes," said the man. "Where are all the golden eggs?"

The goose was dead...and the man and his wife had no more golden eggs to sell.

12. La gansa que ponía huevos de oro

Un hombre y su esposa tenían una gansa. Esta gansa no era como las demás. Esta gansa podía poner huevos de oro. Ponía un huevo de oro cada día.

El hombre y su esposa llevaban los huevos de oro al mercado y los vendían. Se hicieron ricos en poco tiempo, pero querían enriquecerse más. Y querían ser más ricos mucho, mucho más rápido.

"¡Necesitamos más huevos de oro!", dijo la esposa.

"Sí", dijo el hombre. "¡Pero la gansa sólo pone un huevo de oro por día!"

"¡Esa gansa está llena de huevos de oro!", dijo su esposa. "¿Y si consiguiéramos todos los huevos de oro a la vez? ¡Seríamos muy, muy ricos!"

"Sí", dijo el hombre. "¡Voy a buscar mi cuchillo! ¡Podremos sacarle todos los huevos de oro a la vez!"

Así que el hombre agarró su cuchillo. Mató a la gansa y la abrió... pero no había nada dentro. La gansa era como cualquier otra gansa.

"¿Dónde están los huevos de oro?", dijo su esposa.

"Sí", dijo el hombre. "¿Dónde están todos los huevos de oro?"

La gansa estaba muerta... y el hombre y su esposa no tenían más huevos de oro para vender.

13. The Ants and the Grasshopper

It was summer and the grasshopper was playing. A line of ants walked past. They were hard at work, carrying heavy bits of food.

"Why are you working so hard?" asked the grasshopper. "It's summer! It's time to play!"

"Sorry," said the ants. "We have to store food for the winter."

"Winter?" said the grasshopper with a laugh. "Winter is still far away!"

"It will be here before you know it," said the ants. "Maybe you should store food, too." And they went on with their work.

The grasshopper played all that summer, and all that fall, too. When winter came, the snow fell, cold and deep. It was now hard to find food.

The hungry grasshopper went to the ant hill. "Please give me some food!" he begged.

"What?" said the ants. "Didn't you store any food for the winter?"

"No," moaned the grasshopper. "You see, I was so busy playing..."

The ants shook their heads. "If you didn't work then, you'll have to work now," they said. "Keep looking for your own food."

So the grasshopper went back into the snow to look for food again.

13. Las hormigas y el saltamontes

Era verano y el saltamontes estaba jugando. Una fila de hormigas pasó por allí. Trabajaban duro, cargando trozos pesados de comida.

"¿Por qué están trabajando tan duro?", preguntó el saltamontes. "¡Es verano! ¡Es hora de jugar!"

"Lo sentimos", dijeron las hormigas. "Tenemos que almacenar comida para el invierno."

"¿Invierno?", dijo el saltamontes riendo. "¡El invierno aún está lejos!"

"Estará aquí antes de que se dé cuenta", dijeron las hormigas. "Tal vez usted también debería almacenar comida." Y siguieron con su trabajo.

El saltamontes jugó todo ese verano y todo ese otoño también. Cuando llegó el invierno, la nieve cayó, fría y profunda. Entonces era difícil encontrar comida.

El saltamontes, hambriento, fue al hormiguero. "¡Por favor, denme algo de comida!", suplicó.

"¿Qué?", dijeron las hormigas. "¿No almacenó comida para el invierno?"

"No", se quejó el saltamontes. "Estaba tan ocupado jugando..."

Las hormigas sacudieron sus cabezas. "Si no trabajó entonces, tendrá que trabajar ahora", dijeron. "Siga buscando su propia comida."

Entonces el saltamontes volvió a la nieve a buscar comida nuevamente.

14. The Mice and the Cat

One day the mice had a meeting. What could they do about the cat? He was always creeping up on them and trying to catch them. They had no peace at all.

The mice talked and talked, but they could not find a good plan.

At last a young mouse stood and spoke. "I have an idea!" he said. "What if we hang a bell around the neck of the cat? Then we will hear him before he creeps up on us!"

The mice were very excited. "What a clever idea!" they said. "We won't have to worry about the cat anymore! The bell will tell us where he is!"

Then an old mouse stood. "Yes," he said. "That's a wonderful idea. When we hear the bell, we can run away. But tell me one thing. Who is going to put the bell around the cat's neck?"

The mice looked at each other. They didn't know what to say. And then they sighed and sat down. They began talking about the cat again. What could they do about that cat?

They might still be talking about it.

14. Los ratones y el gato

Un día los ratones tuvieron una reunión. ¿Qué podrían hacer con el gato? Siempre los estaba persiguiendo y trataba de atraparlos. Nunca tenían paz.

Los ratones hablaron y hablaron, pero no pudieron encontrar una buena solución.

Por fin un ratón joven se puso de pie y habló. ¡"Tengo una idea!", dijo. "¿Y si colgamos una campana alrededor del cuello del gato? ¡Entonces lo escucharemos antes de que se nos acerque!"

Los ratones estaban muy entusiasmados. "¡Qué idea tan inteligente!", dijeron. "¡Ya no tendremos que preocuparnos por el gato! ¡La campana nos dirá dónde está!"

Entonces un viejo ratón se puso de pie. "Sí", dijo. "Es una idea maravillosa. Cuando oigamos la campana, podremos huir. Pero díganme una cosa. ¿Quién va a poner la campana alrededor del cuello del gato?"

Los ratones se miraron sin saber qué decir. Y luego suspiraron y se sentaron. Empezaron a hablar del gato otra vez. ¿Qué podrían hacer con ese gato?

Puede que todavía estén hablando de ello.

15. The City Mouse and the Country Mouse

Once upon a time there were two mice, a city mouse and a country mouse. One day the city mouse came to visit the country mouse.

"Welcome to the country!" said the country mouse. "Thanks!" said the city mouse.

But the city mouse didn't like the country. "It's nice here," he said. "But it's boring. You eat corn and beans every day. In the city, you can eat cheese and cake. Let me take you to the city."

"Okay," said the country mouse. He wanted to eat some cheese and cake. So the two mice took the train to the city.

"Welcome to the city!" said the city mouse. "Thanks!" said the country mouse.

The city mouse took the country mouse to a big, tall building. "This is where I live," he said. "It's like a castle!" said the country mouse.

They went inside and the city mouse led the country mouse to a big dining room. The table was full of cheese and cake and other tasty things. But when they were eating, a big, angry dog came into the room.

"Run for your life!" shouted the city mouse. The two mice jumped off the table and ran into a little hole.

"The city is not the place for me!" said the country mouse. "The country might be boring to you, but I would rather live there and eat corn and beans every day!" And he took the next train home.

15. El ratón de ciudad y el ratón de campo

Una vez, hace mucho tiempo, había dos ratones, un ratón de ciudad y un ratón de campo. Un día el ratón de ciudad fue a visitar al ratón de campo.

"¡Bienvenido al campo!", dijo el ratón de campo. "¡Gracias!" dijo el ratón de ciudad.

Pero al ratón de ciudad no le gustaba el campo. "Esto es agradable", dijo. "Pero es aburrido. Comes maíz con frijoles todos los días. En la ciudad, se puede comer queso y pastel. Déjame llevarte a la ciudad."

"De acuerdo", dijo el ratón de campo. Quería comer queso y pastel. Así que los dos ratones tomaron el tren a la ciudad.

"¡Bienvenido a la ciudad!", dijo el ratón de ciudad. "¡Gracias!" dijo el ratón de campo.

El ratón de ciudad llevó al ratón de campo a un edificio grande y alto. "Aquí es donde vivo", dijo. "¡Es como un castillo!" dijo el ratón de campo.

Entraron y el ratón de ciudad llevó al ratón de campo a un gran comedor. La mesa estaba llena de queso y pastel y otras cosas sabrosas. Pero cuando estaban comiendo, un perro grande y furioso entró en la habitación.

"¡Sálvese quien pueda!", gritó el ratón de ciudad. Los dos ratones saltaron de la mesa y se escondieron en un pequeño agujero.

"¡La ciudad no es el lugar para mí!" dijo el ratón de campo. "El campo podrá ser aburrido para ti, ¡pero yo prefiero vivir allí y comer maíz y frijoles todos los días!" Y tomó el siguiente tren a casa.

16. The Little Red Hen

One day the little red hen decided to plant some wheat. "Who will help me plant the wheat?" she asked.

"Not me!" said the dog. "Not me!" said the cat. "Not me!" said the duck.

"I will plant it by myself then," said the little red hen.

Before long, the wheat was tall. "Who will help me cut the wheat?" asked the little red hen.

"Not me!" said the dog. "Not me!" said the cat. "Not me!" said the duck.

"I will cut it by myself then," said the little red hen.

Before long, the wheat was cut. "Who will help me grind the wheat?" asked the little red hen.

"Not me!" said the dog. "Not me!" said the cat. "Not me!" said the duck.

"I will grind it by myself then," said the little red hen.

Before long, the wheat was ground. "Who will help me bake the wheat into bread?" asked the little red hen.

"Not me!" said the dog. "Not me!" said the cat. "Not me!" said the duck.

"I will bake it by myself then," said the little red hen.

Before long, the bread was baked. "Who will help me eat the bread?" asked the little red hen.

"Me!" said the dog. "Me!" said the cat. "Me!" said the duck.

"No!" said the little red hen. "I had to do the work by myself so I will eat the bread by myself, too!" And she did.

16. La gallinita roja

Un día la gallinita roja decidió plantar algo de trigo. "¿Quién me ayudará a plantar el trigo?", preguntó.

"¡Yo no!", dijo el perro. "¡Yo no!", dijo el gato. "¡Yo no!", dijo el pato.

"Lo plantaré yo misma, entonces", dijo la gallinita roja.

En poco tiempo, el trigo estaba alto. "¿Quién me ayudará a cortar el trigo?", preguntó la gallinita roja.

"¡Yo no!", dijo el perro. "¡Yo no!", dijo el gato. "¡Yo no!", dijo el pato.

"Voy a cortarlo yo misma, entonces", dijo la gallinita roja.

En poco tiempo, el trigo estaba cortado. "¿Quién me ayudará a moler el trigo?", preguntó la gallinita roja.

"¡Yo no!", dijo el perro. "¡Yo no!", dijo el gato. "¡Yo no!", dijo el pato.

"Voy a molerlo yo misma, entonces", dijo la gallinita roja.

En poco tiempo, el trigo estaba molido. "¿Quién me ayudará a hornear pan de trigo?", preguntó la gallinita roja.

"¡Yo no!", dijo el perro. "¡Yo no!", dijo el gato. "¡Yo no!", dijo el pato.

"Entonces lo hornearé yo sola", dijo la gallinita roja.

En poco tiempo, el pan estaba horneado. "¿Quién me ayudará a comer el pan?", preguntó la gallinita roja.

"¡Yo!", dijo el perro. "¡Yo!", dijo el gato. "¡Yo!", dijo el pato.

"¡No!", dijo la gallinita roja. "¡Tuve que hacer todo el trabajo sola, entonces lo comeré sola también!" Y así lo hizo.

17. The Golden Touch

There once was a king named Midas. He was rich, but unhappy. He had lots of gold, but he wanted more. The only thing he loved more than gold was his little daughter, the princess.

One day the king met an old man. The old man told the king, "I can give you one wish. You can wish for anything you want."

"Anything?" the king said. "I wish for more gold!"

"Fine," said the old man. "Starting tomorrow, everything you touch will turn to gold."

The next morning the king got up early. He wanted to see if it was true. Would everything he touch turn to gold? First he touched his bed...and it turned to gold! Then he touched a chair...and it turned to gold, too! Then a table and a vase and a flower...they all turned to gold!

The king sat down to eat breakfast. But as soon as he touched his food, it turned to gold! Oh no! If he couldn't touch his food, how could he eat?

And then the little princess came running into the room. "Good morning, father!" she said, hugging the king. But when the king touched the girl, she turned to gold, too!

"No!" the king cried. "I don't like this wish! I don't want more gold!" He found the old man and begged him to take back the wish.

King Midas was not as rich after that, but he was much, much happier.

17. El toque de oro

Había una vez un rey llamado Midas. Era rico, pero infeliz. Tenía mucho oro, pero quería más. Lo único que amaba más que el oro era su pequeña hija, la princesa.

Un día el rey se encontró con un anciano. El anciano le dijo al rey: "Puedo otorgarte un deseo. Puedes desear cualquier cosa que quieras".

"¿Cualquier cosa?", dijo el rey. "¡Deseo más oro!"

"Bien", dijo el anciano. "A partir de mañana, todo lo que toques se convertirá en oro."

A la mañana siguiente el rey se levantó temprano. Quería ver si sería verdad. ¿Todo lo que tocara se convertiría en oro? Primero tocó su cama... ¡y se convirtió en oro! Luego tocó una silla... ¡y se convirtió en oro, también! Luego, una mesa y un jarrón y una flor... ¡todo se convirtió en oro!

El rey se sentó a desayunar. Pero tan pronto como tocó su comida, ¡se convirtió en oro! ¡No! Si no podía tocar su comida, ¿cómo podría comer?

Y entonces la pequeña princesa entró corriendo a la habitación. "¡Buenos días, padre!", dijo, abrazando al rey. Pero cuando el rey la tocó ¡se convirtió en oro también!

"¡No!", exclamó el rey. "¡No me gusta este deseo! ¡No quiero más oro!" Encontró al anciano y le rogó que terminara el deseo.

El rey Midas no fue tan rico después de esa experiencia, pero fue mucho, mucho más feliz.

18. Diamonds and Toads

Once there was a woman with two daughters. The younger one was a kind, sweet girl, but the older one was mean and greedy. The mother was mean and greedy, too.

One day, the mother and older sister gave the younger sister a bucket. "We're thirsty!" they said. "Go get us some water from the well!"

So the younger sister went to the well. And there she met an old woman who asked her for a drink. The girl did not know it, but the old woman was really a fairy. When the kind, sweet girl gave her the drink of water, the fairy secretly gave her a gift in return.

The younger sister was late getting home with the bucket. Her mother and older sister were angry. When the girl opened her mouth to tell them why she was late, out fell diamonds and flowers. This was the fairy's gift.

"Quick! Go to the well, too!" said the mother to the older sister. She dumped out the water from the bucket and gave it to her. The older sister ran to the well and found a young woman.

"Could you please give me a drink of water?" said the young woman.

But the older sister said, "I'm too busy for that! I'm here for diamonds and flowers!"

Of course, the young woman was really the fairy. And the fairy gave the mean, greedy girl a gift, too.

But it wasn't diamonds and flowers. When the older sister got home and opened her mouth, out dropped toads and snakes!

18. Diamantes y sapos

Una vez había una mujer con dos hijas. La más joven era una chica amable y dulce, pero la mayor era mala y codiciosa. La madre era mala y codiciosa también.

Un día, la madre y la hermana mayor le dieron un cubo a la hermana menor. "¡Tenemos sed!", dijeron. "¡Ve a buscarnos un poco de agua del pozo!"

Así que la hermana menor fue al pozo. Y allí conoció a una anciana que le pidió algo de beber. La chica no lo sabía, pero la anciana era realmente un hada. Cuando la amable y dulce chica le dio agua de beber, el hada secretamente le dio un regalo a cambio.

La hermana menor se demoró en llegar a casa con el cubo. Su madre y su hermana mayor estaban enojadas. Cuando la chica abrió la boca para decirles por qué llegó tarde, de su boca le salieron diamantes y flores. Eso era el regalo del hada.

"¡Rápido! ¡Ve al pozo tú también!", dijo la madre a la hermana mayor. Tiró el agua del cubo y se lo dio. La hermana mayor corrió hacia el pozo y encontró a una joven.

"¿Podrías por favor darme un poco de agua?", dijo la joven.

Pero la hermana mayor dijo: "¡Estoy demasiado ocupada para eso! ¡Estoy aquí buscando diamantes y flores!"

Por supuesto, la joven era realmente el hada. Y el hada también le dio un regalo a la chica mala y codiciosa.

Pero no eran ni diamantes ni flores. Cuando la hermana mayor llegó a su casa y abrió la boca, ¡le salieron sapos y serpientes!

19. Silly Jack

One day, Jack went to work for the carpenter. The carpenter gave him a penny for his work. But on his way home, Jack was playing with the penny and lost it. "Silly boy," said his mother. "Next time put it in your pocket."

The next day, Jack went to work for the milkman. The milkman gave him a jug of milk for his work. Jack put the jug of milk in his big coat pocket. On his way home, the milk spilled out. "Silly boy," said his mother. "Next time carry it on your head."

The next day, Jack went to work for the baker. The baker gave him a cat for his work. Jack put the cat on his head. On his way home, the cat jumped down and ran away. "Silly boy," said his mother. "Next time tie a string around it and pull it along behind you."

The next day, Jack went to work for the butcher. The butcher gave him a big hunk of meat. Jack tied a string around the meat and pulled it behind him. On his way home, the meat got so dirty no one could eat it. "Silly boy," said his mother. "Next time carry it on your shoulder."

The next day, Jack went to work for the farmer. The farmer gave him a donkey for his work. Jack picked up the donkey and started carrying it on his shoulders. On his way home, he passed by a rich man's house. The rich man had a daughter who had never laughed in all her life. When she saw Jack carrying the donkey on his shoulders, she laughed and laughed. Her father was so happy, he gave Jack a big bag of gold coins.

When Jack got home, his mother was very happy, too. And she never called him "silly" again!

19. Jack el tonto

Un día, Jack fue a trabajar para el carpintero. El carpintero le dio un centavo por su trabajo. Pero de camino a casa, Jack se puso a jugar con el centavo y lo perdió. "Qué tonto has sido", dijo su madre. "La próxima vez ponlo en tu bolsillo."

Al día siguiente, Jack fue a trabajar para el lechero. El lechero le dio una jarra de leche por su trabajo. Jack puso la jarra de leche en su bolsillo grande del abrigo. De camino a casa, la leche se derramó. "Qué tonto has sido", dijo su madre. "La próxima vez llévala sobre tu cabeza."

Al día siguiente, Jack fue a trabajar para el panadero. El panadero le dio un gato por su trabajo. Jack puso el gato en su cabeza. De camino a casa, el gato saltó al suelo y escapó. "Qué tonto has sido", dijo su madre. "La próxima vez átale una cuerda alrededor y tira de él detrás de ti."

Al día siguiente, Jack fue a trabajar para el carnicero. El carnicero le dio un gran trozo de carne. Jack ató una cuerda alrededor de la carne y tiró de ella detrás de él. De camino a casa, la carne se ensució tanto que nadie podía comerla. "Qué tonto has sido", dijo su madre. "La próxima vez llévala sobre tus hombros."

Al día siguiente, Jack fue a trabajar para el granjero. El granjero le dio un burro por su trabajo. Jack tomó el burro y empezó a cargarlo sobre sus hombros. De camino a su hogar, pasó por la casa de un hombre rico. El hombre rico tenía una hija que nunca se había reído en toda su vida. Cuando vio a Jack llevando el burro sobre sus hombros, se echó a reír a carcajadas y no podía parar. Su padre se alegró tanto que le dio a Jack una gran bolsa de monedas de oro.

Cuando Jack llegó a su casa, su madre también se alegró mucho. ¡Y nunca más lo llamó "tonto"!

20. Little Red Riding Hood

Once upon a time, there was a girl named Little Red Riding Hood. She lived in a little house in the forest.

One day, her mother said, "Little Red, your Granny is ill. Please take this basket of cookies to her." So Little Red Riding Hood set out for her Granny's house.

As she went skipping up the path, she met a wolf. "Hello, little girl," said the wolf, licking his lips. "Where are you going?"

"I'm going to my Granny's house," said Little Red. "She lives at the end of the path. I'm bringing this basket of cookies to her."

"How sweet," said the wolf. "Have a nice day." But he was thinking: "I'll eat the grandmother first, and then I'll eat the little girl!"

The wolf ran off as Little Red Riding Hood picked some flowers for her Granny. Soon, the wolf came to Granny's house. Knock! Knock! "Come in, Little Red," said Granny. But it was the wolf and he ate her right up!

When Little Red Riding Hood reached the house, the wolf was in bed, dressed up like Granny. "Granny, what big eyes you have!" said Little Red. "The better to see you with, my dear," said the wolf.

"Granny, what big hands you have!" said Little Red. "The better to hug you with, my dear," said the wolf.

"Granny, what big teeth you have!" said Little Red. "The better to eat you with!" said the wolf. And he ate up Little Red Riding Hood, too!

His belly full, the wolf fell asleep. But a hunter came by and saw the wolf in Granny's bed. He shot the wolf and cut open its belly. Little Red Riding Hood and Granny popped out! They were okay! And they had tea and cookies with the hunter.

20. Caperucita Roja

Una vez, hace mucho tiempo, había una chica llamada Caperucita Roja. Vivía en una casita en el bosque.

Un día, su madre le dijo: "Caperucita Roja, tu abuela está enferma. Por favor, llévale esta cesta de galletas." Así que Caperucita partió hacia la casa de su abuela.

A medida que saltaba por el camino, se encontró con un lobo. "Hola, niña", dijo el lobo, lamiéndose los labios. "¿Adónde vas?"

"Voy a la casa de mi abuela", dijo Caperucita. "Ella vive al final del camino. Le estoy llevando esta cesta de galletas".

"Qué dulce", dijo el lobo. "Que tengas buen día." Pero él estaba pensando: "¡Me comeré a la abuela primero y luego me comeré a la niña!"

El lobo se marchó mientras Caperucita Roja recogía unas flores para su abuela. Pronto, el lobo llegó a la casa de la abuela. ¡Toc! ¡Toc! "Entra, Caperucita", dijo la abuela. ¡Pero era el lobo y se la comió ahí mismo!

Cuando Caperucita Roja llegó a la casa, el lobo estaba en la cama, vestido como la abuela. "Abuela, ¡qué ojos tan grandes tienes!", dijo Caperucita. "Son para verte mejor, querida", dijo el lobo.

"Abuela, ¡qué manos tan grandes tienes!", dijo Caperucita. "Son para abrazarte mejor, querida", dijo el lobo.

"Abuela, ¡qué dientes tan grandes tienes!", dijo Caperucita. "¡Para comerte mejor!", dijo el lobo. ¡Y también se comió a Caperucita Roja!

Con el vientre lleno, el lobo se durmió. Pero un cazador pasó por allí y vio al lobo en la cama de la abuela. Le disparó al lobo y le abrió el vientre. ¡Caperucita Roja y la abuela salieron! ¡Estaban bien! Y comieron té y galletas con el cazador.

21. The Fisherman and His Wife

A fisherman and his wife lived in a little hut by the sea. One day the fisherman caught a big, silver fish. He was very surprised when the fish cried out: "No, don't eat me! I'm a magic fish! Put me back in the water!"

The fisherman let the magic fish go. And when he told his wife the story, she was angry. "You fool! Why didn't you ask the magic fish to give us something?" she said. "Like a new house!"

So the fisherman went back to the sea. "Magic fish! Magic fish!" he called, and the magic fish came. "My wife would like a new house!"

"Go home," said the fish. And when the man got home, he found his wife in a nice new house.

But his wife wasn't happy. "Go back and ask for a castle!" she said. So the fisherman went back to the sea and called the fish again. When he got home, he found his wife in a big castle. She was now a queen.

But she still wasn't happy. "I want to be king!" she said. "And I want to live in a palace!"

When the fisherman returned, he found his wife in a huge palace. She was now a king. "Are you happy now?" the fisherman asked.

His wife frowned. "I want to be God!" she cried.

The fisherman went back to the sea. "What is it this time?" said the magic fish.

"She wants to be God," said the fisherman.

"Go home," said the magic fish.

And when the fisherman got home, he found his wife weeping—back in their little hut.

21. El pescador y su esposa

Un pescador y su esposa vivían en una pequeña choza junto al mar. Un día el pescador pescó un pez grande y plateado. Se sorprendió mucho cuando el pez gritó: "¡No, no me comas! ¡Soy un pez mágico! ¡Échame de nuevo al agua!"

El pescador dejó ir al pez mágico. Y cuando le contó la historia a su esposa, ella se enojó. "¡Fuiste tonto! ¿Por qué no le pediste al pez mágico que nos diera algo?", dijo. "¡Por ejemplo una casa nueva!"

Así que el pescador volvió al mar. "¡Pez mágico! ¡Pez mágico!", llamó, y el pez mágico vino. "¡A mi esposa le gustaría una casa nueva!"

"Vete a casa", dijo el pez. Y cuando el hombre llegó a su casa, encontró a su esposa en una bonita casa nueva.

Pero su esposa no estaba feliz. "¡Vuelve y pídele un castillo!", dijo. Así que el pescador volvió al mar y llamó al pez de nuevo.

Cuando llegó a su casa, encontró a su esposa en un gran castillo. Ahora era una reina.

Pero aún no era feliz. "¡Quiero ser rey!", dijo. "¡Y quiero vivir en un palacio!"

Cuando el pescador regresó, encontró a su esposa en un enorme palacio. Ahora era rey. "¿Estás feliz ahora?", preguntó el pescador.

Su esposa frunció el ceño. "¡Quiero ser Dios!", exclamó.

El pescador volvió al mar. "¿Qué pasa esta vez?", dijo el pez mágico.

"Ella quiere ser Dios", dijo el pescador. "Vete a casa", dijo el pez mágico.

Y cuando el pescador llegó a su casa, encontró a su esposa llorando, de vuelta en su pequeña choza.

22. The Great Big Turnip

Once upon a time, an old man planted some turnip seeds. The turnips grew, and all of them were big, but one was very, very, very big. It was a great big turnip.

The old man pulled up all the turnips—but saved the great big one for last. He took hold of the leaves of the great big turnip and pulled. He pulled and pulled, but the turnip would not budge.

So the man called for his wife to help. The old woman pulled the old man, and the old man pulled the turnip. They pulled and pulled, but the great big turnip would not budge.

The old woman called for her grandson to help. The grandson pulled the old woman, the old woman pulled the old man, and the old man pulled the turnip. They pulled and pulled, but the great big turnip would not budge.

Now the grandson called for his dog to help. The dog pulled the grandson, the grandson pulled the old woman, the old woman pulled the old man, and the old man pulled the turnip. They pulled and pulled, but the great big turnip would not budge.

The dog called for the cat to help. The cat pulled the dog, the dog pulled the grandson, the grandson pulled the old woman, the old woman pulled the old man, and the old man pulled the turnip. They pulled and pulled, but the great big turnip still would not budge.

Then the cat called for the mouse to help. The mouse pulled the cat, the cat pulled the dog, the dog pulled the grandson, the grandson pulled the old woman, the old woman pulled the man, and the man pulled the turnip. They pulled and pulled as hard as they could...and suddenly, the great big turnip came up from the ground!

And they all fell over in a heap.

22. El rábano gigante

Una vez, hace mucho tiempo, un anciano plantó algunas semillas de rábano. Los rábanos crecieron y todos eran grandes, pero uno era muy, muy, muy grande. Era un rábano gigante.

El viejo cosechó todos los rábanos, pero guardó el gigante para el final. Agarró las hojas del rábano gigante y tiró. Tiró y tiró, pero el rábano no se movía.

Así que el hombre le pidió ayuda a su esposa. La anciana tiró del viejo y el viejo tiró del rábano. Tiraron y tiraron, pero el rábano gigante no se movía.

La anciana le pidió a su nieto que los ayudara. El nieto tiró de la anciana, la anciana tiró del viejo y el viejo tiró del rábano. Tiraron y tiraron, pero el rábano gigante no se movía.

Entonces el nieto le pidió a su perro que los ayudara. El perro tiró del nieto, el nieto tiró de la anciana, la anciana tiró del anciano y el anciano tiró del rábano. Tiraron y tiraron, pero el rábano gigante no se movía.

El perro le pidió al gato que ayudara. El gato tiró del perro, el perro tiró del nieto, el nieto tiró de la anciana, la anciana tiró del anciano y el anciano tiró del rábano. Tiraron y tiraron, pero el rábano gigante todavía no se movía.

Entonces el gato le pidió al ratón que ayudara. El ratón tiró del gato, el gato tiró del perro, el perro tiró del nieto, el nieto tiró de la anciana, la anciana tiró del viejo y el viejo tiró del rábano. Tiraron y tiraron tan fuerte como pudieron... y de repente, ¡el rábano gigante salió de la tierra!

Y todos cayeron uno encima del otro.

23. The Elves and the Shoemaker

Long, long ago, there lived a shoemaker and his wife. They were kind, but very poor. One night, the shoemaker saw that he had only one sheet of leather left. "Tomorrow I will make one last pair of shoes," he said sadly. Then he set the leather on his work table and went to bed.

The next morning, the shoemaker and his wife were very surprised! On the table was a fancy pair of shoes! They sold the shoes at the market and bought more leather. That night the shoemaker set the leather on his work table and went to bed.

The next morning, the shoemaker and his wife found *two* fancy pairs of shoes! They sold the shoes and bought more leather. The shoemaker set the leather on his work table and went to bed.

The next morning, they found *three* fancy pairs of shoes!

Day after day, the shoemaker and his wife sold more and more shoes. They were very happy, but they wondered who was helping them. "Let's hide tonight and watch," said the shoemaker's wife.

That night the shoemaker and his wife saw two elves! They were making the fancy shoes! But the little elves wore clothes and shoes that were old and tattered.

The next day, the shoemaker and his wife made fancy new clothes and shoes for the elves. At night they put the gifts on the work table and hid again. They watched the elves put on the little clothes and shoes. The elves did a happy dance on the table.

The shoemaker and his wife never saw the elves after that. But don't worry! The shoemaker could now make fancy shoes, too!

23. Los duendes y el zapatero

Hace muchísimo tiempo vivían un zapatero y su esposa. Eran amables, pero muy pobres. Una noche, el zapatero vio que solo le quedaba una lámina de cuero. "Mañana haré un último par de zapatos", dijo con tristeza. Luego puso el cuero sobre su mesa de trabajo y se fue a la cama.

¡A la mañana siguiente el zapatero y su esposa se quedaron muy sorprendidos! ¡En la mesa había un par de zapatos elegantes! Vendieron los zapatos en el mercado y compraron más cuero. Esa noche el zapatero puso el cuero sobre su mesa de trabajo y se fue a la cama.

¡A la mañana siguiente el zapatero y su esposa encontraron *dos* pares de zapatos elegantes! Vendieron los zapatos y compraron más cuero. El zapatero puso el cuero sobre su mesa de trabajo y se fue a la cama.

¡A la mañana siguiente encontraron *tres* elegantes pares de zapatos!

Día tras día, el zapatero y su esposa vendían más y más zapatos. Estaban muy contentos, pero se preguntaban quién los estaría ayudando. "Escondámonos esta noche y miremos", dijo la esposa del zapatero.

¡Esa noche el zapatero y su esposa vieron a dos duendes! ¡Estaban haciendo los zapatos elegantes! Pero los pequeños duendes tenían ropa y zapatos muy viejos y gastados.

Al día siguiente, el zapatero y su esposa hicieron ropa y zapatos nuevos y elegantes para los duendes. Por la noche pusieron los regalos sobre la mesa de trabajo y se escondieron de nuevo. Vieron a los duendes poniéndose la ropa y los zapatos. Los duendes bailaron felices sobre la mesa.

El zapatero y su esposa nunca volvieron a ver a los duendes después de ese día. ¡Pero no se preocupen! ¡El zapatero ahora también sabía hacer zapatos elegantes!

24. The Three Wishes

Once upon a time, a woodcutter and his wife lived in a little house in the forest. One day the woodcutter came upon a big oak tree. He was about to swing his ax when a little man popped out of a hole in the tree.

"Stop!" cried the little man. "Don't chop down this tree! It's my home! I live here!" The woodcutter froze. "Who are you?" he said.

"I'm an elf!" said the little man. "And if you put your ax down, I'll give you three wishes! Now go chop down some other tree!"

Three wishes! The woodcutter was too excited to work now! He ran home to tell his wife. "Wife! Wife!" he cried. And he told her all about the elf and the three wishes.

The woodcutter's wife was excited, too. "What should we wish for?" she said. "Let's talk about it over lunch," said the woodcutter. "I'm so hungry." Then he added, without thinking: "I wish I had a fat sausage for lunch."

Suddenly there was a fat sausage on the table. The woodcutter's wife was very upset. "You fool!" she cried. "You used the first wish on a sausage!" Then she added, without thinking: "I wish that sausage was on the end of your nose!"

Suddenly the sausage was stuck fast to the end of the woodcutter's nose. He pulled and pulled, but it wouldn't come off. "Now look what you've done!" he shouted. "And that was the second wish!"

The woodcutter's wife felt bad about her wish. There was only one wish left, but she knew what she had to do. "I wish the sausage was off your nose," she said.

Suddenly the fat sausage was back on the table. The woodcutter and his wife sat down sadly...and ate the sausage for lunch.

24. Los tres deseos

Una vez, hace mucho tiempo, un leñador y su esposa vivían en una pequeña casa en el bosque. Un día el leñador encontró un gran roble. Estaba a punto de sacar su hacha y ponerse a cortar cuando un hombrecito salió de un agujero en el árbol.

"¡Detente!", exclamó el hombrecito. "¡No tales este árbol! ¡Es mi casa! ¡Vivo aquí!" El leñador se quedó helado. "¿Quién eres?", dijo.

"¡Soy un duende!", dijo el hombrecito. "¡Y si bajas tu hacha, te concederé tres deseos! ¡Ahora vete a cortar otro árbol!"

¡Tres deseos! ¡El leñador estaba demasiado emocionado para trabajar ahora! Corrió a su casa para contarle a su esposa. "¡Esposa! ¡Esposa!", exclamó. Y le contó todo sobre el duende y los tres deseos.

La esposa del leñador también estaba emocionada. "¿Qué deseos pediremos?", dijo. "Hablémoslo durante el almuerzo", dijo el leñador. "Tengo tanta hambre." Luego añadió, sin pensar: "Ojalá tuviera una salchicha gorda para el almuerzo."

De repente había una salchicha gorda en la mesa. La esposa del leñador estaba muy alterada. "¡Tonto!", exclamó. "¡Utilizaste el primer deseo en una salchicha!" Luego añadió, sin pensar: "¡Me gustaría ver esa salchicha en la punta de tu nariz!"

De repente, la salchicha se pegó a la punta de la nariz del leñador. El leñador tiró y tiró, pero no salía. "¡Ahora mira lo que has hecho!", gritó. "¡Y ese fue el segundo deseo!"

La esposa del leñador se sentía mal por su deseo. Sólo quedaba un deseo, pero ella sabía lo que tenía que hacer. "Ojalá que la salchicha se salga de tu nariz", dijo. De repente, la salchicha gorda estaba de vuelta en la mesa. El leñador y su esposa se sentaron tristemente... y comieron la salchicha de almuerzo.

25. Jack and the Beanstalk

Jack and his mother were very poor. One day Jack's mother told the boy to sell their cow. But on his way to the market, Jack met an odd little man.

"I will give you five magic beans for your cow," said the little man.

"Okay," said Jack.

When he got home, his mother was very angry. "Beans?!" she shouted. "Just beans?!" And she threw the beans out the window.

The next morning Jack found a beanstalk next to the house. It was very big and very tall. Jack climbed right up and found a giant's castle. The giant's wife gave him some food, but then—he heard the giant coming!

"FEE FI FO FUM!" said the hungry giant. He smelled Jack.

"Quick! Hide in the oven!" said the giant's wife. The giant looked around, but he didn't see Jack. That night, after the giant fell asleep, Jack grabbed the giant's hen and went back down the beanstalk. His mother was very happy to see him—and very happy to see the hen, which could lay golden eggs.

The next day Jack climbed up the beanstalk again. He went to the giant's castle and hid in the oven when the giant came. After the giant fell asleep, Jack grabbed the giant's golden harp. "Help! Help!" cried the harp. The giant woke up and chased Jack to the top of the beanstalk. Jack climbed quickly to the ground. He took an ax and chopped down the beanstalk. That was the end of the hungry giant.

And that is the end of this story about Jack and the magical beanstalk.

25. Jack y los frijoles mágico

Jack y su madre eran muy pobres. Un día la madre de Jack le dijo al niño que vendiera su vaca. Pero en el camino al mercado, Jack se encontró con un hombrecito muy extraño.

"Te daré cinco frijoles mágicos por tu vaca", dijo el hombrecito.

"Bien", dijo Jack.

Cuando llegó a casa, su madre estaba furiosa. "¿Frijoles?", gritó. "¡¿Sólo frijoles?!" Y tiró los frijoles por la ventana.

A la mañana siguiente Jack encontró una planta de frijoles al lado de la casa. Era muy grande y alta. Jack subió y encontró un castillo de gigantes. La esposa del gigante le dio algo de comida, pero entonces, ¡oyó venir al gigante!

"¡FI FI FO FUM!", dijo el gigante hambriento. Podía oler a Jack.

"¡Rápido! ¡Escóndete en el horno!", dijo la esposa del gigante. El gigante miró a su alrededor, pero no vio a Jack. Esa noche, después de que el gigante se durmiera, Jack agarró la gallina del gigante y volvió a bajar por la planta de frijoles. Su madre se alegró mucho de verlo y de ver a la gallina, que podía poner huevos de oro.

Al día siguiente Jack subió por la planta de frijoles otra vez. Fue al castillo del gigante, se escondió en el horno y allí estaba cuando llegó el gigante. Después de que el gigante se durmiera, Jack agarró el arpa de oro del gigante. "¡Ayuda! ¡Ayuda!", exclamó el arpa. El gigante se despertó y persiguió a Jack hasta la cima de la planta de frijoles. Jack bajó rápidamente al suelo. Tomó un hacha y cortó la planta de frijoles. Ese fue el fin del gigante hambriento.

Y ese es el final de esta historia sobre Jack y la planta mágica de frijoles.

26. The Man, His Son, and the Donkey

A man and his son were taking their donkey to town. They wanted to sell him at the market. It was a hot summer day and they were walking along the road, by the donkey's side. But when they came to an old man, the old man said, "You fools! Why are you walking? You could be riding that donkey!"

So the man put his son on the donkey's back. Then they went on down the road.

But when they came to an old woman, the old woman said, "You lazy boy! Why are you riding that donkey! Let your poor father ride it!"

So the boy got down and the man climbed on the donkey's back. Then they went on down the road.

But when they came to a mother and her child, the mother said, "You lazy man! Why are you riding that donkey? Let your poor son ride it!"

The man didn't know what to do. So he put his son on the donkey's back. Then he climbed up, too. Now they were both riding the donkey.

But when they came to a farmer, the farmer said, "You dogs! Why are you both riding that poor donkey? You'll kill it! Get down at once!"

The man and his son got off the donkey. What could they do now? They thought and they thought. Finally, they found a pole and tied the donkey's legs to it. Then they picked up the pole and started carrying the donkey into town.

But when they reached town, the people laughed and laughed. The donkey got scared and started kicking. As they were crossing a bridge, the man and his son lost their grip on the pole. The donkey tumbled off the bridge and into the river. He kicked his legs free and swam away.

The man and his son walked sadly home.

26. El hombre, su hijo y el burro

Un hombre y su hijo llevaban su burro a la ciudad. Querían venderlo en el mercado. Era un caluroso día de verano y caminaban por la carretera, al lado del burro. Pero cuando pasaron cerca de un anciano, el anciano les dijo: "¡Tontos! ¿Por qué caminan? ¡Podrían estar montando ese burro!"

Así que el hombre puso a su hijo en el lomo del burro. Luego continuaron por el camino.

Pero cuando pasaron una anciana, la anciana dijo: "¡Qué chico tan perezoso! ¡Por qué montas ese burro! ¡Deja que tu pobre padre lo monte!"

Así que el chico se bajó y el hombre se subió a lomos del burro. Luego continuaron por el camino.

Pero cuando pasaron cerca de una madre con su hijo, la madre dijo: "¡Qué hombre más perezoso! ¿Por qué montas ese burro? ¡Deja que tu pobre hijo lo monte!"

El hombre no sabía qué hacer. Así que puso a su hijo en el lomo del burro. Luego también se subió él. Ahora los dos montaban en el burro.

Pero cuando pasaron cerca de un granjero, el granjero dijo: "¡Qué animales! ¿Por qué están montando en ese pobre burro? ¡Lo matarán! ¡Bajen de una vez!"

El hombre y su hijo se bajaron del burro. ¿Qué podían hacer ahora? Pensaron y pensaron. Finalmente, encontraron un poste y lo ataron a las patas del burro. Luego levantaron el poste y cargaron el burro al pueblo de esta manera.

Pero cuando llegaron al pueblo, la gente no paraba de reírse. El burro se asustó y empezó a patear. Mientras cruzaban un puente, el hombre y su hijo perdieron control del poste. El burro cayó del puente al río. Pataleó, logró quitarse las cuerdas de sus patas y nadó lejos.

El hombre y su hijo caminaron tristemente de vuelta a su casa.

27. Rumpelstiltskin (English)

A silly man once told the king that his daughter could spin straw into gold. The girl was taken to the castle. "Here is a room full of straw," the king told her. "If this straw is not spun into gold by morning, you will die."

The poor girl was locked in the room. "I don't know how to spin straw into gold!" she cried. She fell into the straw and began to weep.

"I'll do it for you," said a voice. The girl looked up and saw a funny little man. "But what will you give me?"

"My necklace," said the girl. By morning, all the straw was spun into gold...and the little man was gone.

The king was happy to see the gold. But then he took the girl to a bigger room, full of more straw. He told her to spin all the straw into gold. Again, the girl wept. And again, the little man came to her side. "What will you give me this time?" he asked. "My ring," said the girl.

But the next night, locked in an even bigger room, the girl had nothing left to give. "If you marry the king," the little man said, "you must give me your child."

The girl married the king and became the queen. She forgot all about the little man. But when she had a baby boy, the little man was back. "Give me the child!" he demanded. The queen was so upset that the little man said, "If you can guess my name within three days, you may keep the child."

For two days, the queen tried to guess the little man's name. But none of the names were right. The next day, a servant told the queen he had seen the little man the night before. He was dancing around a fire in the forest, singing, "Tomorrow I will win this game, for Rumpelstiltskin is my name!"

When the little man came to the castle the next day, the queen said, "Is your name...Rumpelstiltskin?" The little man flew into a rage. "Who told you? Who told you?" he screamed. And he stamped his feet right through the floor and was never seen again.

27. Rumpelstiltskin (español)

Un hombre tonto le dijo una vez al rey que su hija podía hilar y convertir la paja en oro. Llevaron a la chica al castillo. "Aquí hay una habitación llena de paja", le dijo el rey. "Si esta paja no está hilada y convertida en oro por la mañana, morirás."

La pobre chica estaba encerrada en la habitación. "¡No sé cómo hilar paja en oro!", exclamó. Se desmoronó sobre la paja y comenzó a sollozar.

"Yo lo haré por ti", dijo una voz. La chica levantó la vista y vio a un hombrecito extraño. "Pero ¿qué me darás a cambio?"

"Mi collar", dijo la chica. Por la mañana, toda la paja estaba hilada en oro... y el hombrecito se había ido.

El rey estaba feliz de ver el oro. Pero luego llevó a la chica a una habitación más grande, llena de más paja. Le dijo que hilara toda la paja en oro. Una vez más, la chica lloró. Y de nuevo el hombrecito apareció a su lado. "¿Qué me darás esta vez?", preguntó. "Mi anillo", dijo la chica.

Pero la noche siguiente, encerrada en una habitación aún más grande, la chica ya no tenía nada para dar. "Si te casas con el rey", dijo el hombrecito, "debes darme a tu hijo."

La chica se casó con el rey y se convirtió en la reina. Se olvidó completamente del hombrecito. Pero cuando tuvo un niño, el hombrecito apareció de vuelta. "¡Dame el niño!", exigió. La reina estaba tan disturbada que el hombrecito dijo: "Si puedes adivinar mi nombre en tres días, puedes quedarte con el niño".

Durante dos días, la reina trató de adivinar el nombre del hombrecito. Pero ninguno de los nombres era el correcto. Al día siguiente, un sirviente le dijo a la reina que había visto al hombrecito la noche anterior. Había estado bailando alrededor de una fogata en el bosque, cantando: "¡Mañana ganaré este juego, porque me llamo Rumpelstiltskin!"

Cuando el hombrecito llegó al castillo al día siguiente, la reina dijo: "¿Es tu nombre... Rumpelstiltskin?" El hombrecito se enfureció. "¿Quién te lo dijo? ¿Quién te lo dijo?", gritó. Y zapateó con sus pies por el piso y nunca más lo vieron.

28. The Bremen Town Musicians

The donkey worked hard for his master for many years. Now he was getting old and could not work. His master said, "Donkey, if you don't work, you don't eat!" The old donkey cried and walked away from his master's farm. He thought, "I'll go to Bremen. I can become a town musician."

Along the way the donkey met an old dog. The dog was sitting by the road and crying. The donkey asked, "What's wrong, Dog?" The dog replied, "I'm old now and I can't hunt. My master won't feed me." The donkey said, "Then come with me to Bremen. We can become town musicians together."

Along the way the donkey and the dog met an old cat. The cat was sitting by a tree and crying. The donkey asked, "What's wrong, Cat?" The cat replied, "I'm old now and I can't catch mice. My master won't feed me." The donkey said, "Then come with us to Bremen. We can become town musicians together."

Along the way the donkey, the dog, and the cat met an old rooster. The rooster was sitting on a fence and crying. The donkey asked, "What's wrong, rooster?" The rooster replied, "I'm old now and I can't wake up on time. My master won't feed me." The donkey said, "Then come with us to Bremen. We can become town musicians together."

Along the way the donkey, the dog, the cat, and the rooster came to a little house in the forest. It was night and they wanted to rest. They looked in the window and saw four robbers. The robbers were sitting at a table with a wonderful supper in front of them. The hungry animals were very excited. "If we sing for them, maybe they will give us some food!" the donkey said.

So the donkey started braying, the dog started barking, the cat started meowing, and the rooster started crowing. The robbers were very surprised and very scared. They jumped up from the table and ran far away from the house.

The animals had a wonderful supper that night. Then the next morning, they went on to Bremen to become town musicians.

28. Los músicos de Bremen

El burro trabajó duro para su amo durante muchos años. Ahora estaba envejeciendo y no podía trabajar. Su amo le dijo: "¡Burro, si no trabajas, no comes!" El viejo burro lloró y se alejó de la granja de su amo. Pensó: "Voy a ir a Bremen. Puedo convertirme en músico del pueblo".

En el camino el burro conoció a un perro viejo. El perro estaba sentado junto a la carretera llorando. El burro le preguntó: "¿Qué pasa, Perro?" El perro respondió: "Ahora soy viejo y no puedo cazar. Mi amo no me alimentará." El burro dijo: "Entonces ven conmigo a Bremen. Podemos convertirnos en músicos del pueblo juntos".

En el camino el burro y el perro se encontraron con un gato viejo. El gato estaba sentado junto a un árbol llorando. El burro preguntó: "¿Qué pasa, Gato?" El gato respondió: "Ahora soy viejo y no puedo atrapar ratones. Mi amo no me alimentará." El burro dijo: "Entonces ven con nosotros a Bremen. Podemos convertirnos en músicos del pueblo juntos".

En el camino el burro, el perro y el gato se encontraron con un viejo gallo. El gallo estaba sentado en una cerca llorando. El burro preguntó: "¿Qué pasa, Gallo?" El gallo respondió: "Ahora soy viejo y no puedo despertarme a tiempo. Mi amo no me alimentará." El burro dijo: "Entonces ven con nosotros a Bremen. Podemos convertirnos en músicos del pueblo juntos".

En el camino el burro, el perro, el gato y el gallo llegaron a una casita en el bosque. Era de noche y querían descansar. Miraron por la ventana y vieron a cuatro ladrones. Los ladrones estaban sentados en una mesa con una cena maravillosa delante de ellos. Los animales hambrientos se entusiasmaron. "Si les cantamos, tal vez nos den algo de comida", dijo el burro.

Así que el burro empezó a rebuznar, el perro empezó a ladrar, el gato empezó a maullar y el gallo comenzó a cantar. Los ladrones se sorprendieron y asustaron mucho. Saltaron de la mesa y huyeron lejos de la casa.

Los animales tuvieron una cena maravillosa esa noche. A la mañana siguiente, se fueron a Bremen para convertirse en los músicos del pueblo.

Adam Beck (English text) is the author of the popular books *Maximize Your Child's Bilingual Ability* and *I WANT TO BE BILINGUAL!*, and the founder of the blog Bilingual Monkeys (http://bilingualmonkeys.com) and the forum The Bilingual Zoo (http://bilingualzoo.com). Adam is also the author of the book *How I Lost My Ear*, an award-winning novel for children and adults in the spirit of Roald Dahl. Originally from the United States, he lives in Japan.

Adam Beck (texto en inglés) es el autor de los populares libros *Maximize Your Child's Bilingual Ability* and *I WANT TO BE BILINGUAL!*, y el fundador del blog Bilingual Monkeys (http://bilingualmonkeys.com) y el foro The Bilingual Zoo (http://bilingualzoo.com). Adam es también el autor del libro *How I Lost My Ear*, una novela premiada para niños y adultos en el espíritu de Roald Dahl. Nacido en los Estados Unidos, vive en Japón.

Delia Berlin (Spanish text) is a writer of bilingual picture books, in English and Spanish, as well as parrot care books and essay collections with her husband, artist David Corsini. Her lively picture books include *Tales of Eva and Lucas*, *How to Eat a Rainbow*, and *Welcome the Weirds*. Full details on Delia's work can be found at her Amazon page (https://www.amazon.com/author/deliaberlin). Originally from Argentina, she lives in the United States.

Delia Berlin (texto español) escribe libros infantiles ilustrados bilingües, en inglés y español, libros de cuidado de loros, y colecciones de ensayos con su marido, artista David Corsini. Sus animados libros ilustrados incluyen *Cuentos de Eva y Lucas*, *Cómo Comer un Arcoíris* y *Bienvenidas las Raras*. Más detalles sobre el trabajo de Delia se pueden ver en su página de Amazon (https://www.amazon.com/author/deliaberlin). Nacida en Argentina, vive en los Estados Unidos.

Marisa Martínez Mira (Spanish text) is a professor of Spanish at the University of Mary Washington, and co-author of the Intermediate Spanish textbook *En tu medio* (https://bit.ly/En-tu-medio), geared for college students. Originally from Spain, she lives in the United States.

Marisa Martínez Mira (texto en español) es profesora de español en la Universidad de Mary Washington y coautora del libro de texto de español para nivel intermedio *En tu medio* (https://bit.ly/En-tu-medio), dirigido a estudiantes universitarios. Nacida de España, vive en la actualidad en los Estados Unidos.

Graciela Portillo (English/Spanish narration) is a bilingual voice artist who has worked on a wide range of projects in English and Spanish. Graciela was raised bilingually and has lived in the United States and in Guatemala, where she currently resides.

Graciela Portillo (narración en inglés y español) es una artista de voz bilingüe que ha trabajado en una amplia gama de proyectos en inglés y español. Graciela se crió bilingüe, habiendo vivido en los Estados Unidos y en Guatemala, donde reside actualmente.

Is this book helpful to you?

If this book is helpful to your language learning aim, we would be so grateful if you'd share your positive impressions with others, online and off, through social media, reviews at Amazon and Goodreads, and word of mouth.

And feel free to share your thoughts or questions more personally, too, by reaching out to us at this address: adam@bilingualmonkeys.com

Thank you! We wish you all the best on your bilingual adventures!

¿Le resulta útil este libro?

Si este libro es útil para su objetivo de aprendizaje de idiomas, agradeceríamos que compartiera sus impresiones positivas con otros, a través de redes sociales, comentarios en Amazon y Goodreads, y de voz en voz.

Para compartir ideas o preguntas más personalmente, también nos puede contactar en esta dirección: adam@bilingualmonkeys.com

¡Gracias! ¡Le deseamos lo mejor en sus aventuras bilingües!

CPSIA information can be obtained
at www.ICGtesting.com
Printed in the USA
BVHW011707070622
639140BV00008B/135